Cuaderno
de lecturas

CROSSBOOKS, 2026
crossbooks@planeta.es
www.planetadelibros.com
Editado por Editorial Planeta, S. A.

© del texto: Lisha Zhou, 2025
Maquetación: quimdiaz.net
© Editorial Planeta, S. A., 2026
Avda. Diagonal, 662-664, 08034 Barcelona

© Ilustración de cubierta: Inés Pérez

Primera edición: abril de 2026
ISBN: 978-84-08-31655-8
Depósito legal: B. 24.686-2026
Impreso en España

El papel de este libro procede de bosques gestionados
de forma sostenible y de fuentes controladas.

Cuaderno de lecturas
Lisha Zhou

ESTE LIBRO
PERTENECE A

....

¡Soy lectora!

¡Hola!

Me llamo Lisa Zhou, leo desde los diez años y, si no recuerdo mal, empecé con la serie de Kika Superbruja. Después me leí todos los libros de Las Crónicas de Narnia y, más adelante, terminé de engancharme a la lectura (¡como nos ha pasado a muchas!) gracias a la saga de Crepúsculo. Aunque mis títulos favoritos en la adolescencia fueron Eternidad, Temblor, Medianoche, Hush, Hush... Quizá no te suenen, pero esos mundos de fantasía, seres sobrenaturales y romances... ¡lo eran todo para mí!

Actualmente, mi autora favorita es Taylor Jenkins Reid porque, traten de lo que traten sus novelas, sé que siempre me van a gustar. Tiene una manera de escribir que llega a ti, sabe cómo hacer que conectes con sus historias y no puedas soltar el libro. Aunque, sorprendentemente, los géneros que más leo, que son el romantasy, el thriller y el dark romance, no tienen nada que ver con sus novelas. Pero es que, al final, no me importa tanto el género. Cuando las lecturas tienen algo que impacta y me causa una gran emoción, ¡ya me tienen ganada!

De pequeña siempre escribía diarios, hubo una época en la que pensé que acabaría siendo escritora de cuánto disfrutaba leyendo. Incluso en el instituto, participé en un concurso de escritura: presenté una historia de fantasía y me dieron un premio. ¡Me sentí tan orgullosa! Sin embargo, si hoy escribiera una novela, probablemente sería un romance.

Al final, leer y escribir están muy unidos. De ahí que empezara mi propio book journal hace tiempo, porque quería que todas esas historias que me habían marcado permanecieran siempre en mí. Un cuaderno de lecturas que, ahora, quiero compartir contigo.

Lisha Zhou

¿Y tú? ¿Cuál es tu perfil lector? ¡Cuéntame algo de ti!

....

¿Qué te gusta leer?

....

¿Tienes algún género preferido?

....

¿Cuáles son tus autores/as favoritos/as?

....

¿Y las obras que no pueden faltar en tu estantería?

....

¿Qué libro te marcó de pequeña?

....

¿Y el último que has leído?

....

Y si fueras escritora, ¿qué tipo de libro escribirías?

....

....

Como lectora, me gusta que me hablen de libros nuevos que me motiven a leer otros géneros e historias diferentes a las que estoy acostumbrada, que me regalen unos minutos en la librería para coger todos los libros que quiera (¡o pueda!), que me escuchen cuando un libro me ha gustado tanto que necesito contarlo de pe a pa (solo si esa persona me asegura que no va a leerlo, ¡para no hacer *spoiler*!) Y, por supuesto, llorar o reír con el libro como si estuviera metida en la propia historia.

En cambio, no me gusta que me hagan *spoilers*, o prestar un libro y que me lo devuelvan sucio o doblado, que se critique a los autores que me gustan por su vida personal, o que me interrumpan mientras leo.

¿Qué es lo que buscas y disfrutas tú como lectora?

Para mí, leer es algo que no solo comprende la lectura, ¡es un ritual en el que participan los cinco sentidos! En mi caso, el ritual comienza incluso antes de empezar a leer un libro. Elijo el marcapáginas y los pósit que utilizaré (de algún modo, que vayan a juego con el libro). También suelo prepararme un té matcha y esperar a que la casa esté tranquila pues, aunque hay mucha gente a quien le gusta escuchar música mientras lee, yo prefiero hacerlo en silencio. Tengo adjudicada una zona de la casa en la que me siento muy cómoda y en calma: la esquina derecha del sofá. Me pongo un cojín tras la espalda y otro bajo los codos, porque como sé que voy a estar leyendo un rato largo, como siempre, es importante la postura. Justo detrás hay una ventana por la que entra una luz natural ideal para leer. Además, junto al sofá tengo también mi estantería favorita, la de los libros pendientes, para escoger mi próxima lectura justo después de finalizar el libro.

Pero, antes, ¡siempre relleno mi cuaderno de lecturas! Porque, con el tiempo, me voy olvidando de los libros que leí, y escribir sobre ellos y lo que me han hecho pensar y sentir me da paz, pues sé que puedo volver al cuaderno siempre que quiera y recordar ese libro y todo lo que viví y experimenté con él.

Este suele ser mi ritual de lectura y es, sin duda, mi favorito, pero a veces, por circunstancias, cambia: si es tarde suelo preferir leer en la cama y con libro electrónico, pues así no se me duerme el brazo (si no tengo el libro en digital y empiezo a leerlo en físico y el brazo se me duerme cada dos por tres, ¡termino dejando la lectura para otro día y yéndome a dormir!). Y otra de las excepciones son los viajes: ya sean largos o cortos, en tren, coche o avión, son de mis momentos favoritos para leer, porque me concentro al 100% en la lectura. Y si son cuatro horas de viaje, ¡sé que son cuatro horas para mí, de lectura exclusiva!

Tu ritual de lectura es…

¿Prefieres leer en papel o lees libros electrónicos?

Eres de papel si... te gusta tocar el libro, pasar las páginas y meter la cabeza para olerlo... Si haces eso, ¡eres de las mías! A mí me gusta usar marcapáginas personalizados, a juego con el libro, e incluso escribir notas en las páginas, subrayarlas y ponerles marcadores.

En cambio, eres de electrónico si... te molesta llevar un tochamen de libro a cualquier sitio a donde vayas, y si te da igual todo lo anterior, ¡por supuesto! O si prefieres gastar menos, y te da lo mismo tener o no una estantería llena de libros.

¡Soy equipo papel!

☐

¡Soy equipo digital!

☐

I ♥ books

Para mí, leer es alimentar la imaginación, ponerte en la piel de los demás, vivir vidas diferentes, aprender sobre cada persona, sus costumbres, su oficio, su manera de pensar y vivir. Y, sobre todo, desconectar un rato, disfrutar.

Y para ti,
¿qué es/significa leer?

....

....

....

....

....

....

....

....

....

....

....

Antes solía elegir mis libros según cuánto me llamase la atención su portada y, si esta me gustaba, luego leía la sinopsis. Actualmente todo resulta más fácil gracias a las redes sociales, ¿verdad? Yo, por ejemplo, tengo un «para ti» de TikTok que adoro (¡lo mío me ha costado construirlo!) en el que me sale gente recomendando libros con gustos literarios parecidos a los míos. Me dejo llevar bastante, y a veces merece la pena, y otras no porque, claro, ¡para gustos colores!

Y tú,
¿cómo escoges tus próximas lecturas?

Cómo ordenar
una biblioteca

Lo de clasificar los libros es todo un tema, ¿verdad? Yo ordeno mis estanterías por género: por un lado tengo los *thriller*, por otro, los romances, tengo un tercer apartado con los *romantasy*, otro de *dark romance*, y un último estante con los libros ilustrados.

¡Ah, y también guardo mis libros favoritos aparte, ordenados por autor, en una estantería distinta!

¿Cuál es
tu método?

....

....

....

....

....

....

....

....

....

....

Frases y fragmentos favoritos

Yo marco mis frases favoritas con subrayador (¡si lo tengo a mano, claro!) y, si no, pongo un pósit. Suelo tener de varios colores y varían según el libro y su portada, pues me gusta que el canto del libro me quede repleto de colorines, pero siempre de los mismos colores de la cubierta.

*¿Tú cómo señalas
tus párrafos preferidos?
¿Haces como yo?*

....
....
....
....
....
....
....
....
....

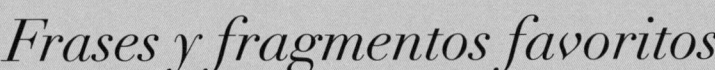

Frases y fragmentos favoritos

Título: ....

Autor/a: ....

Página: ....

Frase o fragmento: ....

....

....

Título: ....

Autor/a: ....

Página: ....

Frase o fragmento: ....

....

....

Título: ....

Autor/a: ....

Página: ....

Frase o fragmento: ....

....

....

Título: ....

Autor/a: ....

Página: ....

Frase o fragmento: ....

....

....

Título: ....

Autor/a: ....

Página: ....

Frase o fragmento: ....

....

....

Título: ....

Autor/a: ....

Página: ....

Frase o fragmento: ....

....

....

Título: ....

Autor/a: ....

Página: ....

Frase o fragmento: ....

....

....

Título: ....

Autor/a: ....

Página: ....

Frase o fragmento: ....

....

....

Título: ....

Autor/a: ....

Página: ....

Frase o fragmento: ....

....

....

Título: ....

Autor/a: ....

Página: ....

Frase o fragmento: ....

....

....

Título: ....

Autor/a: ....

Página: ....

Frase o fragmento: ....

....

....

Título: ....

Autor/a: ....

Página: ....

Frase o fragmento: ....

....

....

Título: ....

Autor/a: ....

Página: ....

Frase o fragmento: ....

....

....

Título: ....

Autor/a: ....

Página: ....

Frase o fragmento: ....

....

....

Título: ....

Autor/a: ....

Página: ....

Frase o fragmento: ....

....

....

Título: ....

Autor/a: ....

Página: ....

Frase o fragmento: ....

....

....

Título: ....

Autor/a: ....

Página: ....

Frase o fragmento: ....

....

....

Título: ....

Autor/a: ....

Página: ....

Frase o fragmento: ....

....

....

Título: ....

Autor/a: ....

Página: ....

Frase o fragmento: ....

....

....

Título: ....

Autor/a: ....

Página: ....

Frase o fragmento: ....

....

....

Título: ....

Autor/a: ....

Página: ....

Frase o fragmento: ....

....

....

Título: ....

Autor/a: ....

Página: ....

Frase o fragmento: ....

....

....

Título: ....

Autor/a: ....

Página: ....

Frase o fragmento: ....

....

....

Título: ....

Autor/a: ....

Página: ....

Frase o fragmento: ....

....

....

Título: ....

Autor/a: ....

Página: ....

Frase o fragmento: ....

....

....

Título: ....

Autor/a: ....

Página: ....

Frase o fragmento: ....

....

....

Título:...

Autor/a:...

Página:..

Frase o fragmento:...

....

....

Título:...

Autor/a:...

Página:..

Frase o fragmento:...

....

....

Título: ....

Autor/a: ....

Página: ....

Frase o fragmento: ....

....

....

Título: ....

Autor/a: ....

Página: ....

Frase o fragmento: ....

....

....

Título: ....

Autor/a: ....

Página: ....

Frase o fragmento: ....

....

....

Título: ....

Autor/a: ....

Página: ....

Frase o fragmento: ....

....

....

Título: ....
Autor/a: ....
Página: ....
Frase o fragmento: ....
....
....

Título: ....
Autor/a: ....
Página: ....
Frase o fragmento: ....
....
....

Título: ....

Autor/a: ....

Página: ....

Frase o fragmento: ....

....

....

Título: ....

Autor/a: ....

Página: ....

Frase o fragmento: ....

....

....

Título: ....

Autor/a: ....

Página: ....

Frase o fragmento: ....

....

....

Título: ....

Autor/a: ....

Página: ....

Frase o fragmento: ....

....

....

Título: ....

Autor/a: ....

Página: ....

Frase o fragmento: ....

....

....

Título: ....

Autor/a: ....

Página: ....

Frase o fragmento: ....

....

....

Título: ....

Autor/a: ....

Página: ....

Frase o fragmento: ....

....

....

Título: ....

Autor/a: ....

Página: ....

Frase o fragmento: ....

....

....

Título: ....

Autor/a: ....

Página: ....

Frase o fragmento: ....

....

....

Título: ....

Autor/a: ....

Página: ....

Frase o fragmento: ....

....

....

Título: ....

Autor/a: ....

Página: ....

Frase o fragmento: ....

....

....

Título: ....

Autor/a: ....

Página: ....

Frase o fragmento: ....

....

....

Título: ....

Autor/a: ....

Página: ....

Frase o fragmento: ....

....

....

Título: ....

Autor/a: ....

Página: ....

Frase o fragmento: ....

....

....

Título: ....

Autor/a: ....

Página: ....

Frase o fragmento: ....

....

....

Título: ....

Autor/a: ....

Página: ....

Frase o fragmento: ....

....

....

Título: ....

Autor/a: ....

Página: ....

Frase o fragmento: ....

....

....

Título: ....

Autor/a: ....

Página: ....

Frase o fragmento: ....

....

....

Título: ....

Autor/a: ....

Página: ....

Frase o fragmento: ....

....

....

Título: ....

Autor/a: ....

Página: ....

Frase o fragmento: ....

....

....

Título: ....

Autor/a: ....

Página: ....

Frase o fragmento: ....

....

....

Título: ....

Autor/a: ....

Página: ....

Frase o fragmento: ....

....

....

Título: ....

Autor/a: ....

Página: ....

Frase o fragmento: ....

....

....

Título: ....

Autor/a: ....

Página: ....

Frase o fragmento: ....

....

....

Título: ....

Autor/a: ....

Página: ....

Frase o fragmento: ....

....

....

Título: ....

Autor/a: ....

Página: ....

Frase o fragmento: ....

....

....

Título: ....

Autor/a: ....

Página: ....

Frase o fragmento: ....

....

....

Título: ....

Autor/a: ....

Página: ....

Frase o fragmento: ....

....

....

Título: ....

Autor/a: ....

Página: ....

Frase o fragmento: ....

....

....

Título: ....

Autor/a: ....

Página: ....

Frase o fragmento: ....

....

....

Título: ....

Autor/a: ....

Página: ....

Frase o fragmento: ....

....

....

Título: ....

Autor/a: ....

Página: ....

Frase o fragmento: ....

....

....

Título: ....

Autor/a: ....

Página: ....

Frase o fragmento: ....

....

....

Título: ....

Autor/a: ....

Página: ....

Frase o fragmento: ....

....

....

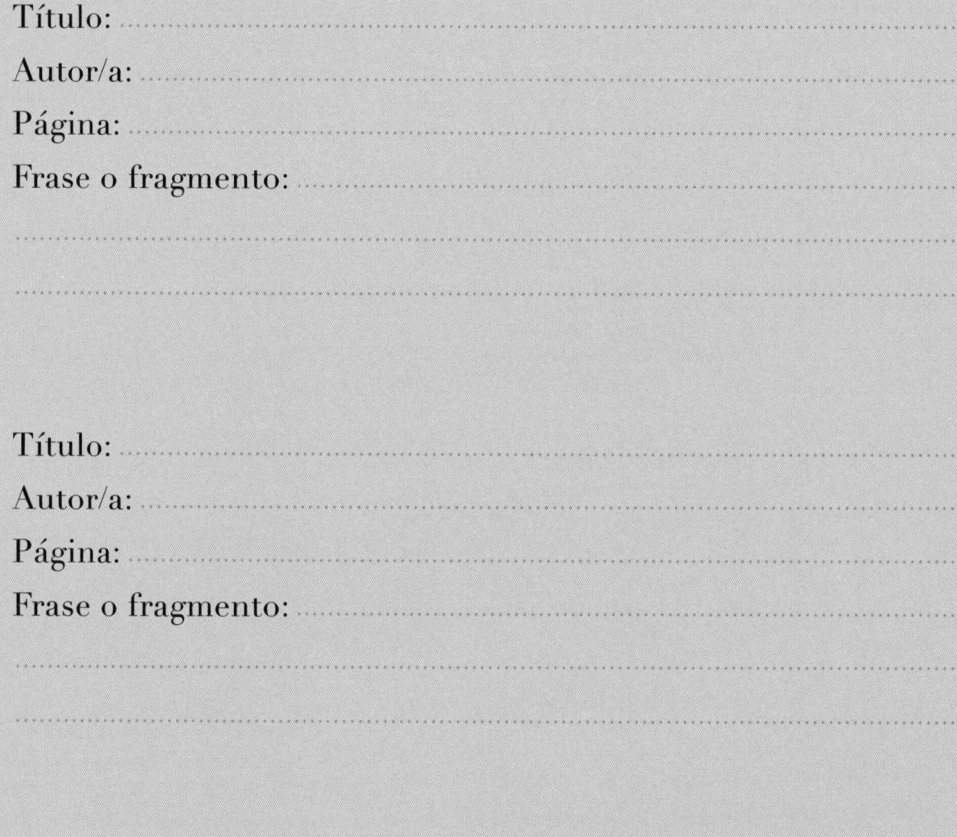

Título: ....

Autor/a: ....

Página: ....

Frase o fragmento: ....

....

....

Título: ....

Autor/a: ....

Página: ....

Frase o fragmento: ....

....

....

Título: ....

Autor/a: ....

Página: ....

Frase o fragmento: ....

....

....

Título: ....

Autor/a: ....

Página: ....

Frase o fragmento: ....

....

....

Help,
¡estoy enganchada!

Si un libro te hace enfadar por cómo suceden las cosas, o cómo son algunos personajes, y mientras más lees más te enervas... lo siento, ya estás dramáticamente enganchada.

¡A mí me ocurre! Y si, además, el libro cuenta con algún *plot twist* (¡si tiene más de uno, mejor!) y pienso que la historia va a tirar por un lado y no puedo ni llegarme a imaginar la realidad... ¡entonces me tiene totalmente atrapada!

O si en un romance el amor entre los protagonistas es demasiado bueno para ser real pero les resulta imposible estar juntos... ¡uf, ahí estoy dentrísimo! Quiero leer más y más para ver si finalmente acaban juntos como se merecen.

Otras de las cosas que hacen que yo no pueda abandonar un libro son: 1) la tensión que a veces se genera entre dos personajes, 2) los personajes que no te huelen bien desde el primer momento en el que aparecen y que nadie más, aparte de ti, parece darse cuenta de que esconden algo turbio, 3) el drama, 4) un misterio que resolver o 5) un pasado que se revela poco a poco y, para contarlo, el/la autor/a acaba los capítulos, que se alternan en pasado y presente, en *cliffhanger*.

Y si hablamos de romance, soy incapaz de soltar 1) un *slow burn*, porque me encanta ser testigo de cómo la pareja protagonista se va conociendo poco a poco y los sentimientos surgen también lentamente... Sentir la tensión, desear que llegue ya el momento en el que se declaren o besen... ¡consigue que me enganche mucho! O 2) un *enemies to lovers*, por el subidón que me da ver cómo pasan de odiarse a amarse. Y 3) aunque nunca he sido muy fan de las segundas oportunidades, un romance bien escrito que dé la posibilidad a una pareja que en el pasado se quiso y entonces no pudo ser... se puede quedar en mi cabeza y corazón para siempre. (Ejem, *Rey de la Codicia*.)

¿Qué hace que te enganches a un libro?

....

....

....

....

....

Ojalá los personajes de algunos libros fueran reales (¡¡y otros no!!)

¿Crush literario o *anticrush*?

A mí me gustan los personajes con los que puedo empatizar... un personaje que me cuente su pasado y evolucione a lo largo de la historia, y que tenga una personalidad atrayente. No hace falta que sea misterioso y enigmático...puede ser un *golden retriever* irresistible también (como lo es Cameron en *Bad Ash*). Y, por supuesto, el físico importa, pero me atrae mil veces más un personaje que tenga inteligencia emocional antes que bíceps, por ejemplo.

Y si hablamos de villanos, adoro a los que tienen un pasado oscuro, pero logran redimirse (que es lo que yo, como lectora, necesito, porque ¡me enamoro de ellos nada más aparecer! por ejemplo, que decir de Ash Blake en la bilogía de *La Academia*...). Pero cuando un personaje es realmente malo, ¡cuanto más lejos de mí, mejor! Sobre todo, en la vida real. Porque sí, podemos disfrutar con una historia de romance oscuro, pero debemos tener siempre claro que es ficción y que lo que sucede en el libro (las mentiras, las manipulaciones, la violencia...) no es lo correcto y que, en la vida real, no debemos permitirlo. ¡Una debe siempre priorizarse!

En cuanto a los personajes secundarios, me suelo obsesionar con aquellos «robaescenas» que son lindos y graciosos, los que desprenden una vibra super bonita. O del callado que muestra mucho más con actos que con palabras... ¡uffff! Y bueno, si hablamos de secundarios que caen en batalla o los que se sacrifican por puro altruismo, o para salvar a otros... ¡eso me parte el alma! (Sobre todo cuando el personaje ha sido alguien increíble durante toda la historia: atento, generoso, gracioso... ¡Buaaaah!)

Top 10
de crushes literarios:

1. ....

2. ....

3. ....

4. ....

5. ....

6. ....

7. ....

8. ....

9. ....

10. ....

Lecturas futuras

Título: ....

Autor/a: ....

Lo quiero porque: ....

....

....

....

Título: ....

Autor/a: ....

Lo quiero porque: ....

....

....

....

Título: ....

Autor/a: ....

Lo quiero porque: ....

....

....

....

Título: ....

Autor/a: ....

Lo quiero porque: ....

....

....

....

Título: ....

Autor/a: ....

Lo quiero porque: ....

....

....

....

Título: ....

Autor/a: ....

Lo quiero porque: ....

....

....

....

Título: ....

Autor/a: ....

Lo quiero porque: ....

....

....

....

Título: ....

Autor/a: ....

Lo quiero porque: ....

....

....

....

Título: ....

Autor/a: ....

Lo quiero porque: ....

....

....

....

Título: ....

Autor/a: ....

Lo quiero porque: ....

....

....

....

Título: ....

Autor/a: ....

Lo quiero porque: ....

....

....

....

Título: ....

Autor/a: ....

Lo quiero porque: ....

....

....

....

Título: ....

Autor/a: ....

Lo quiero porque: ....

....

....

....

Título: ....

Autor/a: ....

Lo quiero porque: ....

....

....

....

Título: ....

Autor/a: ....

Lo quiero porque: ....

....

....

....

Título: ....

Autor/a: ....

Lo quiero porque: ....

....

....

....

Título: ....

Autor/a: ....

Lo quiero porque: ....

....

....

....

Título: ....

Autor/a: ....

Lo quiero porque: ....

....

....

....

Título: ....

Autor/a: ....

Lo quiero porque: ....

....

....

....

Título: ....

Autor/a: ....

Lo quiero porque: ....

....

....

....

Título: ....

Autor/a: ....

Lo quiero porque: ....

....

....

....

Título: ....

Autor/a: ....

Lo quiero porque: ....

....

....

....

Título: ....

Autor/a: ....

Lo quiero porque: ....

....

....

....

Título: ....

Autor/a: ....

Lo quiero porque: ....

....

....

....

Título: ....

Autor/a: ....

Lo quiero porque: ....

....

....

....

Título: ....

Autor/a: ....

Lo quiero porque: ....

....

....

....

Título: ....

Autor/a: ....

Lo quiero porque: ....

....

....

....

Título: ....

Autor/a: ....

Lo quiero porque: ....

....

....

....

Título: ....

Autor/a: ....

Lo quiero porque: ....

....

....

....

Título: ....

Autor/a: ....

Lo quiero porque: ....

....

....

....

Título: ....

Autor/a: ....

Lo quiero porque: ....

....

....

....

Título: ....

Autor/a: ....

Lo quiero porque: ....

....

....

....

Título: ....

Autor/a: ....

Lo quiero porque: ....

....

....

....

Título: ....

Autor/a: ....

Lo quiero porque: ....

....

....

....

Título: ....

Autor/a: ....

Lo quiero porque: ....

....

....

....

Título: ....

Autor/a: ....

Lo quiero porque: ....

....

....

....

Título: ....

Autor/a: ....

Lo quiero porque: ....

....

....

....

Título: ....

Autor/a: ....

Lo quiero porque: ....

....

....

....

Título: ....

Autor/a: ....

Lo quiero porque: ....

....

....

....

Título: ....

Autor/a: ....

Lo quiero porque: ....

....

....

....

Título: ....

Autor/a: ....

Lo quiero porque: ....

....

....

....

Título: ....

Autor/a: ....

Lo quiero porque: ....

....

....

....

Título: ....

Autor/a: ....

Lo quiero porque: ....

....

....

....

Título: ....

Autor/a: ....

Lo quiero porque: ....

....

....

....

Título: ....

Autor/a: ....

Lo quiero porque: ....

....

....

....

Título: ....

Autor/a: ....

Lo quiero porque: ....

....

....

....

Título: ....

Autor/a: ....

Lo quiero porque: ....

....

....

....

Título: ....

Autor/a: ....

Lo quiero porque: ....

....

....

....

Título: ....

Autor/a: ....

Lo quiero porque: ....

....

....

....

Título: ....

Autor/a: ....

Lo quiero porque: ....

....

....

....

Título: ....

Autor/a: ....

Lo quiero porque: ....

....

....

....

Título: ....

Autor/a: ....

Lo quiero porque: ....

....

....

....

Título: ....

Autor/a: ....

Lo quiero porque: ....

....

....

....

Título: ....

Autor/a: ....

Lo quiero porque: ....

....

....

....

Título: ....

Autor/a: ....

Lo quiero porque: ....

....

....

....

Título: ....

Autor/a: ....

Lo quiero porque: ....

....

....

....

Título: ....

Autor/a: ....

Lo quiero porque: ....

....

....

....

Título: ....

Autor/a: ....

Lo quiero porque: ....

....

....

....

Título: ....

Autor/a: ....

Lo quiero porque: ....

....

....

....

Título: ....

Autor/a: ....

Lo quiero porque: ....

....

....

....

Título: ....

Autor/a: ....

Lo quiero porque: ....

....

....

....

Título: ....

Autor/a: ....

Lo quiero porque: ....

....

....

....

Título: ....

Autor/a: ....

Lo quiero porque: ....

....

....

....

Título: ....

Autor/a: ....

Lo quiero porque: ....

....

....

....

Título: ....

Autor/a: ....

Lo quiero porque: ....

....

....

....

Título: ....

Autor/a: ....

Lo quiero porque: ....

....

....

....

Título: ....

Autor/a: ....

Lo quiero porque: ....

....

....

....

Título: ....

Autor/a: ....

Lo quiero porque: ....

....

....

....

Cuaderno
de lecturas

WRAP UP
ANUAL

Enero

Libros leídos

....

....

....

Libro favorito del mes:

....

VIBES & EMOCIONES
¿Cómo me hicieron sentir estas lecturas?

☐ Me abrazaron   ☐ Me acompañaron

☐ Me rompieron un poquito   ☐ Me removieron por dentro

☐ Me hicieron soñar   ☐ Me enseñaron mundos nuevos

Palabras que definen mi mes lector

....

....

– Febrero –

Libros leídos

....

....

....

Libro favorito del mes:

....

VIBES & EMOCIONES
¿Cómo me hicieron sentir estas lecturas?

☐ Me abrazaron   ☐ Me acompañaron

☐ Me rompieron un poquito   ☐ Me removieron por dentro

☐ Me hicieron soñar   ☐ Me enseñaron mundos nuevos

Palabras que definen mi mes lector

....

....

Marzo

Libros leídos

....

....

....

Libro favorito del mes:

....

VIBES & EMOCIONES
¿Cómo me hicieron sentir estas lecturas?

☐ Me abrazaron   ☐ Me acompañaron

☐ Me rompieron un poquito   ☐ Me removieron por dentro

☐ Me hicieron soñar   ☐ Me enseñaron mundos nuevos

Palabras que definen mi mes lector

....

....

- Abril -

Libros leídos

....

....

....

Libro favorito del mes:

....

VIBES&EMOCIONES
¿Cómo me hicieron sentir estas lecturas?

☐ Me abrazaron   ☐ Me acompañaron

☐ Me rompieron un poquito   ☐ Me removieron por dentro

☐ Me hicieron soñar   ☐ Me enseñaron mundos nuevos

Palabras que definen mi mes lector

....

....

Mayo

Libros leídos

....

....

....

Libro favorito del mes:

....

VIBES & EMOCIONES
¿Cómo me hicieron sentir estas lecturas?

☐ Me abrazaron ☐ Me acompañaron

☐ Me rompieron un poquito ☐ Me removieron por dentro

☐ Me hicieron soñar ☐ Me enseñaron mundos nuevos

Palabras que definen mi mes lector

....

....

— Junio —

Libros leídos

....

....

....

Libro favorito del mes:

....

VIBES & EMOCIONES
¿Cómo me hicieron sentir estas lecturas?

☐ Me abrazaron   ☐ Me acompañaron

☐ Me rompieron un poquito   ☐ Me removieron por dentro

☐ Me hicieron soñar   ☐ Me enseñaron mundos nuevos

Palabras que definen mi mes lector

....

....

Julio

Libros leídos

....

....

....

Libro favorito del mes:

....

VIBES&EMOCIONES
¿Cómo me hicieron sentir estas lecturas?

☐ Me abrazaron   ☐ Me acompañaron

☐ Me rompieron un poquito   ☐ Me removieron por dentro

☐ Me hicieron soñar   ☐ Me enseñaron mundos nuevos

Palabras que definen mi mes lector

....

....

Agosto

Libros leídos

....

....

....

Libro favorito del mes:

....

VIBES & EMOCIONES

¿Cómo me hicieron sentir estas lecturas?

☐ Me abrazaron   ☐ Me acompañaron

☐ Me rompieron un poquito   ☐ Me removieron por dentro

☐ Me hicieron soñar   ☐ Me enseñaron mundos nuevos

Palabras que definen mi mes lector

....

....

Septiembre

Libros leídos

....

....

....

Libro favorito del mes:

....

VIBES & EMOCIONES
¿Cómo me hicieron sentir estas lecturas?

☐ Me abrazaron   ☐ Me acompañaron

☐ Me rompieron un poquito   ☐ Me removieron por dentro

☐ Me hicieron soñar   ☐ Me enseñaron mundos nuevos

Palabras que definen mi mes lector

....

....

Octubre

Libros leídos

....

....

....

Libro favorito del mes:

VIBES & EMOCIONES
¿Cómo me hicieron sentir estas lecturas?

☐ Me abrazaron   ☐ Me acompañaron

☐ Me rompieron un poquito   ☐ Me removieron por dentro

☐ Me hicieron soñar   ☐ Me enseñaron mundos nuevos

Palabras que definen mi mes lector

....

....

Noviembre

Libros leídos

....

....

....

Libro favorito del mes:

....

VIBES & EMOCIONES
¿Cómo me hicieron sentir estas lecturas?

☐ Me abrazaron   ☐ Me acompañaron

☐ Me rompieron un poquito   ☐ Me removieron por dentro

☐ Me hicieron soñar   ☐ Me enseñaron mundos nuevos

Palabras que definen mi mes lector

....

....

Diciembre

Libros leídos

Libro favorito del mes:

VIBES & EMOCIONES
¿Cómo me hicieron sentir estas lecturas?

☐ Me abrazaron

☐ Me rompieron un poquito

☐ Me hicieron soñar

☐ Me acompañaron

☐ Me removieron por dentro

☐ Me enseñaron mundos nuevos

Palabras que definen mi mes lector

Fichas
de lectura

«*Las historias siempre florecen cuando alguien las recuerda*».

Leyenda
de puntuación

⭐ Sin más

⭐⭐ Pasable

⭐⭐⭐ Me gusta

⭐⭐⭐⭐ Me encanta

⭐⭐⭐⭐⭐ Chillando

♡ No hay *feeling*

♡♡ Me gustan, pero no mucho

♡♡♡ Ohhh… ¡qué lindos!

♡♡♡♡ Me derrito

♡♡♡♡♡ LOS AMO, son perfectos

🌶 Suave, insinuante

🌶🌶 Interesante

🌶🌶🌶 MUY interesante

🌶🌶🌶🌶 Sudando

🌶🌶🌶🌶🌶 No apto para leer en público

💧 Nah

💧💧 Hice pucheros

💧💧💧 Lloradita

💧💧💧💧 Llorando a mares

💧💧💧💧💧 Me dejó destrozada

✦ No me sorprendió

✦✦ Interesante

✦✦✦ ¡No me lo esperaba!

✦✦✦✦ WOW

✦✦✦✦✦ El mejor *plot twist* de mi vida

Fecha de inicio: ⬜ Fecha de fin: ⬜

Número de páginas: ⬜

Título: ⬜

Autor: ⬜

De qué va:

....

....

....

....

Este libro llegó a mí...:

Lo que más me gustó:

....

Lo que no me convenció:

....

Personaje favorito: ⬜

Escena preferida: ....

Puntuación general: ⬜

Corazón   Guindilla   Lágrima
♥ ♥ ♥ ♥ ♥   🌶 🌶 🌶 🌶 🌶   💧 💧 💧 💧 💧

Plot Twist   Estrellas
✹ ✹ ✹ ✹ ✹   ★ ★ ★ ★ ★

Lista de reproducción

....
....
....
....
....
....
....
....

Aesthetics

Fecha de inicio: Fecha de fin:

Número de páginas:

Título:

Autor:

De qué va:

....

....

....

....

Este libro llegó a mí...:

Lo que más me gustó:

....

Lo que no me convenció:

....

Personaje favorito:

Escena preferida:

Puntuación general:

Corazón   *Guindilla*   *Lágrima*

Plot Twist   *Estrellas*

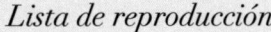

Lista de reproducción

Aesthetics

Fecha de inicio: _____ Fecha de fin: _____

Número de páginas: _____

Título: _____

Autor: _____

De qué va:

....

....

....

Este libro llegó a mí...: ....

Lo que más me gustó: ....

....

Lo que no me convenció: ....

....

Personaje favorito: _____

Escena preferida: ....

Puntuación general: _____

Corazón   Guindilla   Lágrima
♥ ♥ ♥ ♥ ♥   🌶 🌶 🌶 🌶 🌶   💧 💧 💧 💧 💧

Plot Twist   Estrellas
✦ ✦ ✦ ✦ ✦   ☆ ☆ ☆ ☆ ☆

Lista de reproducción

....
....
....
....
....
....
....
....

Aesthetics

Fecha de inicio: Fecha de fin:

Número de páginas:

Título:

Autor:

De qué va:

Este libro llegó a mí...:

Lo que más me gustó:

Lo que no me convenció:

Personaje favorito:

Escena preferida:

Puntuación general:

Corazón   *Guindilla*   *Lágrima*

Plot Twist   *Estrellas*

Lista de reproducción

....

....

....

....

....

....

....

....

Aesthetics

Fecha de inicio: _____ Fecha de fin: _____

Número de páginas: _____

Título: _____

Autor: _____

De qué va: ....

....

....

....

....

Este libro llegó a mí…: ....

Lo que más me gustó: ....

....

Lo que no me convenció: ....

....

Personaje favorito: _____

Escena preferida: ....

Puntuación general: _____

Corazón *Guindilla* *Lágrima*

Plot Twist *Estrellas*

Lista de reproducción

....
....
....
....
....
....
....
....
....
....

Aesthetics

Fecha de inicio: _____ Fecha de fin: _____

Número de páginas: _____

Título: _____

Autor: _____

De qué va:

....

....

....

....

Este libro llegó a mí…:

Lo que más me gustó:

....

Lo que no me convenció:

....

Personaje favorito: _____

Escena preferida: ....

Puntuación general: _____

Corazón   Guindilla   Lágrima

Plot Twist   Estrellas

Lista de reproducción

....

....

....

....

....

....

....

Aesthetics

Fecha de inicio: Fecha de fin:

Número de páginas:

Título:

Autor:

De qué va:

Este libro llegó a mí…:

Lo que más me gustó:

Lo que no me convenció:

Personaje favorito:

Escena preferida:

Puntuación general:

Corazón   *Guindilla*   *Lágrima*

Plot Twist   *Estrellas*

Lista de reproducción

....
....
....
....
....
....
....
....

Aesthetics

Fecha de inicio: _____   Fecha de fin: _____

Número de páginas: _____

Título: _____

Autor: _____

De qué va:

....

....

....

....

Este libro llegó a mí…:

Lo que más me gustó: ....

....

Lo que no me convenció: ....

....

Personaje favorito: _____

Escena preferida: ....

Puntuación general: _____

Corazón   Guindilla   Lágrima

Plot Twist   Estrellas

Lista de reproducción

....
....
....
....
....
....
....
....

Aesthetics

Fecha de inicio: _____ Fecha de fin: _____

Número de páginas: _____

Título: _____

Autor: _____

De qué va:

....

....

....

....

Este libro llegó a mí...:

Lo que más me gustó:

....

Lo que no me convenció:

....

Personaje favorito: _____

Escena preferida: ....

Puntuación general: _____

Corazón   *Guindilla*   *Lágrima*

♥ ♥ ♥ ♥ ♥   🌶 🌶 🌶 🌶 🌶   💧 💧 💧 💧 💧

            Plot Twist   *Estrellas*

            ✹ ✹ ✹ ✹ ✹   ★ ★ ★ ★ ★

Lista de reproducción

....
....
....
....
....
....
....
....

Aesthetics

Fecha de inicio: _____   Fecha de fin: _____

Número de páginas: _____

Título: _____

Autor: _____

De qué va:

....

....

....

Este libro llegó a mí…:

Lo que más me gustó: ....

....

Lo que no me convenció: ....

....

Personaje favorito: _____

Escena preferida: ....

Puntuación general: _____

Corazón   *Guindilla*   *Lágrima*
♥ ♥ ♥ ♥ ♥   🌶 🌶 🌶   💧 💧 💧

Plot Twist   *Estrellas*
✦ ✦ ✦ ✦ ✦   ★ ★ ★ ★ ★

Lista de reproducción

....
....
....
....
....
....
....
....

Aesthetics

Fecha de inicio: _____   Fecha de fin: _____

Número de páginas: _____

Título: _____

Autor: _____

De qué va:

....

....

....

....

Este libro llegó a mí…: ....

Lo que más me gustó: ....

....

Lo que no me convenció: ....

....

Personaje favorito: _____

Escena preferida: _____

Puntuación general: _____

Corazón   Guindilla   Lágrima

Plot Twist   Estrellas

Lista de reproducción

....

....

....

....

....

....

....

....

Aesthetics

Fecha de inicio: Fecha de fin:

Número de páginas:

Título:

Autor:

De qué va:

Este libro llegó a mí…:

Lo que más me gustó:

Lo que no me convenció:

Personaje favorito:

Escena preferida:

Puntuación general:

Corazón   Guindilla   Lágrima

Plot Twist   Estrellas

Lista de reproducción

Aesthetics

Fecha de inicio: ⬜⬜⬜ Fecha de fin: ⬜⬜⬜

Número de páginas: ⬜⬜⬜

Título: ⬜⬜⬜

Autor: ⬜⬜⬜

De qué va:

....

....

....

....

....

Este libro llegó a mí…: ....

Lo que más me gustó: ....

....

Lo que no me convenció: ....

....

Personaje favorito: ⬜⬜⬜

Escena preferida: ....

Puntuación general: ⬜

Corazón   *Guindilla*   *Lágrima*

❤ ❤ ❤ ❤ ❤   🌶 🌶 🌶 🌶 🌶   💧 💧 💧 💧 💧

Plot Twist   *Estrellas*

✦ ✦ ✦ ✦ ✦   ★ ★ ★ ★ ★

Lista de reproducción

....
....
....
....
....
....
....
....

Aesthetics

Fecha de inicio: Fecha de fin:

Número de páginas:

Título:

Autor:

De qué va:

....

....

....

....

Este libro llegó a mí...:

Lo que más me gustó:

....

Lo que no me convenció:

....

Personaje favorito:

Escena preferida:

Puntuación general:

Corazón   *Guindilla*   *Lágrima*

Plot Twist   *Estrellas*

Lista de reproducción

....

....

....

....

....

....

....

....

Aesthetics

Fecha de inicio: _____   Fecha de fin: _____

Número de páginas: _____

Título: _____

Autor: _____

De qué va:

....

....

....

....

....

Este libro llegó a mí…:

Lo que más me gustó: _____

....

Lo que no me convenció:

....

Personaje favorito: _____

Escena preferida: _____

Puntuación general: _____

Corazón   *Guindilla*   *Lágrima*

♥ ♥ ♥ ♥ ♥   🌶 🌶 🌶 🌶 🌶   💧 💧 💧 💧 💧

Plot Twist   *Estrellas*

⚡ ⚡ ⚡ ⚡ ⚡   ⭐ ⭐ ⭐ ⭐ ⭐

Lista de reproducción

....
....
....
....
....
....
....

Aesthetics

Fecha de inicio: _____   Fecha de fin: _____

Número de páginas: _____

Título: _____

Autor: _____

De qué va: ....

....

....

....

....

Este libro llegó a mí…: ....

Lo que más me gustó: ....

....

Lo que no me convenció: ....

....

Personaje favorito: _____

Escena preferida: ....

Puntuación general: ____

Corazón   *Guindilla*   *Lágrima*

♥ ♥ ♥ ♥ ♥   🌶 🌶 🌶 🌶 🌶   💧 💧 💧 💧 💧

Plot Twist   *Estrellas*

✦ ✦ ✦ ✦ ✦   ★ ★ ★ ★ ★

Lista de reproducción

....
....
....
....
....
....
....
....
....

Aesthetics

Fecha de inicio: [   ]   Fecha de fin: [   ]

Número de páginas: [   ]

Título: [   ]

Autor: [   ]

De qué va:

....

....

....

....

....

....

Este libro llegó a mí…:

Lo que más me gustó: ....

....

Lo que no me convenció: ....

....

Personaje favorito: [   ]

Escena preferida: ....

Puntuación general: [   ]

Corazón   *Guindilla*   *Lágrima*

Plot Twist   *Estrellas*

Lista de reproducción

....
....
....
....
....
....
....
....

Aesthetics

Fecha de inicio: ⬭   Fecha de fin: ⬭

Número de páginas: ⬭

Título: ⬭

Autor: ⬭

De qué va:

....

....

....

....

....

Este libro llegó a mí…: ....

Lo que más me gustó: ....

....

Lo que no me convenció: ....

....

Personaje favorito: ⬭

Escena preferida: ....

Puntuación general: ⬭

Corazón   Guindilla   Lágrima
♥ ♥ ♥ ♥ ♥   🌶 🌶 🌶 🌶 🌶   💧 💧 💧 💧 💧

Plot Twist   Estrellas
✸ ✸ ✸ ✸ ✸   ★ ★ ★ ★ ★

Lista de reproducción

....

....

....

....

....

....

....

....

Aesthetics

Fecha de inicio: _____   Fecha de fin: _____

Número de páginas: _____

Título: _____

Autor: _____

De qué va:

....

....

....

....

Este libro llegó a mí...:

Lo que más me gustó: _____

....

Lo que no me convenció: _____

....

Personaje favorito: _____

Escena preferida: _____

Puntuación general: ____

Corazón   *Guindilla*   *Lágrima*

♥ ♥ ♥ ♥ ♥   ⌒ ⌒ ⌒ ⌒ ⌒   ♦ ♦ ♦ ♦ ♦

Plot Twist   *Estrellas*

✹ ✹ ✹ ✹ ✹   ★ ★ ★ ★ ★

Lista de reproducción

....

....

....

....

....

....

....

....

Aesthetics

Fecha de inicio: ⬭⬭⬭⬭⬭⬭⬭   Fecha de fin: ⬭⬭⬭⬭⬭

Número de páginas: ⬭⬭⬭⬭⬭⬭

Título: ⬭⬭⬭⬭⬭⬭⬭⬭⬭⬭⬭⬭⬭⬭⬭⬭

Autor: ⬭⬭⬭⬭⬭⬭⬭⬭⬭⬭⬭⬭⬭⬭⬭⬭

De qué va: ....

....

....

....

....

....

Este libro llegó a mí…: ....

Lo que más me gustó: ....

....

Lo que no me convenció: ....

....

Personaje favorito: ⬭⬭⬭⬭⬭⬭⬭⬭⬭⬭

Escena preferida: ....

Puntuación general: ⬭⬭⬭

Corazón   Guindilla   Lágrima
♥ ♥ ♥ ♥ ♥   🌶 🌶 🌶 🌶 🌶   💧 💧 💧 💧 💧

Plot Twist   Estrellas
✳ ✳ ✳ ✳ ✳   ★ ★ ★ ★ ★

Lista de reproducción

···
···
···
···
···
···
···
···

Aesthetics

Fecha de inicio: Fecha de fin:

Número de páginas:

Título:

Autor:

De qué va:

....

....

....

....

Este libro llegó a mí...:

Lo que más me gustó:

....

Lo que no me convenció:

....

Personaje favorito:

Escena preferida:

Puntuación general:

Corazón   *Guindilla*   *Lágrima*

Plot Twist   *Estrellas*

Lista de reproducción

....
....
....
....
....
....
....
....
....

Aesthetics

Fecha de inicio: ⬭　　　Fecha de fin: ⬭

Número de páginas: ⬭

Título: ⬭

Autor: ⬭

De qué va: ....

....

....

....

....

Este libro llegó a mí…:

Lo que más me gustó: ....

....

Lo que no me convenció: ....

....

Personaje favorito: ⬭

Escena preferida: ....

Puntuación general: ⬭

Corazón　　　*Guindilla*　　　*Lágrima*

♥ ♥ ♥ ♥ ♥　　　🌶 🌶 🌶　　　💧 💧 💧 💧 💧

Plot Twist　　　*Estrellas*

✹ ✹ ✹ ✹ ✹　　　★ ★ ★ ★ ★

Lista de reproducción

....
....
....
....
....
....
....
....
....
....

Aesthetics

Fecha de inicio: _____ Fecha de fin: _____

Número de páginas: _____

Título: _____

Autor: _____

De qué va: ....

....

....

....

....

....

Este libro llegó a mí…: ....

Lo que más me gustó: ....

....

Lo que no me convenció: ....

....

Personaje favorito: _____

Escena preferida: ....

Puntuación general: _____

Corazón   Guindilla   Lágrima

Plot Twist   Estrellas

Lista de reproducción

....

....

....

....

....

....

....

....

Aesthetics

Fecha de inicio: _____   Fecha de fin: _____

Número de páginas: _____

Título: _____

Autor: _____

De qué va: ....

....

....

....

....

Este libro llegó a mí…:

Lo que más me gustó: ....

....

Lo que no me convenció: ....

....

Personaje favorito: _____

Escena preferida: ....

Puntuación general: _____

Corazón   Guindilla   Lágrima

♥ ♥ ♥ ♥ ♥   🌶 🌶 🌶 🌶 🌶   💧 💧 💧 💧 💧

Plot Twist   Estrellas

✳ ✳ ✳ ✳ ✳   ★ ★ ★ ★ ★

Lista de reproducción

....

....

....

....

....

....

....

....

Aesthetics

Fecha de inicio: _____ Fecha de fin: _____

Número de páginas: _____

Título: _____

Autor: _____

De qué va:

....

....

....

....

Este libro llegó a mí…: ....

Lo que más me gustó: ....

....

Lo que no me convenció: ....

....

Personaje favorito: _____

Escena preferida: ....

Puntuación general: ____

Corazón   *Guindilla*   *Lágrima*

Plot Twist   *Estrellas*

Lista de reproducción

....

....

....

....

....

....

....

....

Aesthetics

Fecha de inicio: _____   Fecha de fin: _____

Número de páginas: _____

Título: _____

Autor: _____

De qué va:

....

....

....

Este libro llegó a mí…: ....

Lo que más me gustó: ....

....

Lo que no me convenció: ....

....

Personaje favorito: _____

Escena preferida: _____

Puntuación general: _____

Corazón ♥ ♥ ♥ ♥ ♥   *Guindilla* 🌶 🌶 🌶 🌶 🌶   *Lágrima* 💧 💧 💧 💧 💧

Plot Twist ✦ ✦ ✦ ✦ ✦   *Estrellas* ★ ★ ★ ★ ★

Lista de reproducción

....
....
....
....
....
....
....
....

Aesthetics

Fecha de inicio: _____   Fecha de fin: _____

Número de páginas: _____

Título: _____

Autor: _____

De qué va:

_____

_____

_____

_____

Este libro llegó a mí…:

Lo que más me gustó:

_____

Lo que no me convenció:

_____

Personaje favorito: _____

Escena preferida:

Puntuación general: _____

Corazón   *Guindilla*   *Lágrima*

Plot Twist   *Estrellas*

Lista de reproducción

Fecha de inicio: ⬭⬭⬭⬭⬭⬭⬭   Fecha de fin: ⬭⬭⬭⬭⬭⬭

Número de páginas: ⬭⬭⬭⬭⬭⬭⬭

Título: ⬭⬭⬭⬭⬭⬭⬭⬭⬭⬭⬭⬭⬭⬭⬭⬭⬭⬭⬭⬭⬭

Autor: ⬭⬭⬭⬭⬭⬭⬭⬭⬭⬭⬭⬭⬭⬭⬭⬭⬭⬭⬭⬭⬭

De qué va:

....

....

....

....

....

Este libro llegó a mí…:

Lo que más me gustó:

....

Lo que no me convenció:

....

Personaje favorito: ⬭⬭⬭⬭⬭⬭⬭⬭⬭⬭⬭⬭

Escena preferida:

Puntuación general: ⬭⬭⬭

Corazón   Guindilla   Lágrima
♥ ♥ ♥ ♥ ♥   🌶 🌶 🌶 🌶 🌶   💧 💧 💧 💧 💧

Plot Twist   Estrellas
✦ ✦ ✦ ✦ ✦   ★ ★ ★ ★ ★

Lista de reproducción

....
....
....
....
....
....
....

Aesthetics

Fecha de inicio: _____ Fecha de fin: _____

Número de páginas: _____

Título: _____

Autor: _____

De qué va:

....

....

....

....

....

Este libro llegó a mí…: ....

Lo que más me gustó: ....

....

Lo que no me convenció: ....

....

Personaje favorito: _____

Escena preferida: ....

Puntuación general: _____

Corazón   Guindilla   Lágrima
♥ ♥ ♥ ♥ ♥   )))))   )))))

Plot Twist   Estrellas
★ ★ ★ ★ ★   ★ ★ ★ ★ ★

Lista de reproducción

....
....
....
....
....
....
....

Aesthetics

Fecha de inicio: ⬭⬭⬭⬭⬭⬭   Fecha de fin: ⬭⬭⬭⬭

Número de páginas: ⬭⬭⬭⬭

Título: ⬭⬭⬭⬭⬭⬭⬭⬭

Autor: ⬭⬭⬭⬭⬭⬭⬭⬭

De qué va:

....

....

....

....

Este libro llegó a mí…: ....

Lo que más me gustó: ....

....

Lo que no me convenció: ....

....

Personaje favorito: ⬭⬭⬭⬭⬭⬭⬭

Escena preferida: ....

Puntuación general: ⬭⬭

Corazón   *Guindilla*   *Lágrima*
♥ ♥ ♥ ♥ ♥   🌶 🌶 🌶 🌶 🌶   💧 💧 💧 💧 💧

Plot Twist   *Estrellas*
✳ ✳ ✳ ✳ ✳   ★ ★ ★ ★ ★

Lista de reproducción

....

....

....

....

....

....

....

Aesthetics

Fecha de inicio: _____ Fecha de fin: _____

Número de páginas: _____

Título: _____

Autor: _____

De qué va:

....

....

....

....

Este libro llegó a mí...:

Lo que más me gustó: _____

....

Lo que no me convenció: _____

....

Personaje favorito: _____

Escena preferida: _____

Puntuación general: _____

Corazón   *Guindilla*   *Lágrima*

♥ ♥ ♥ ♥ ♥   🌶 🌶 🌶 🌶 🌶   💧 💧 💧 💧 💧

Plot Twist   *Estrellas*

✸ ✸ ✸ ✸ ✸   ★ ★ ★ ★ ★

Lista de reproducción

....

....

....

....

....

....

....

Aesthetics

Fecha de inicio: ⬭⬭⬭⬭⬭⬭⬭ Fecha de fin: ⬭⬭⬭⬭⬭⬭

Número de páginas: ⬭⬭⬭⬭⬭⬭

Título: ⬭⬭⬭⬭⬭⬭⬭⬭⬭⬭⬭⬭⬭⬭⬭

Autor: ⬭⬭⬭⬭⬭⬭⬭⬭⬭⬭⬭⬭⬭⬭⬭

De qué va:

....

....

....

....

Este libro llegó a mí…: ....

Lo que más me gustó: ....

....

Lo que no me convenció: ....

....

Personaje favorito: ⬭⬭⬭⬭⬭⬭⬭⬭⬭⬭

Escena preferida: ....

Puntuación general: ⬭⬭⬭

Corazón   Guindilla   Lágrima
♥ ♥ ♥ ♥ ♥   🌶 🌶 🌶 🌶 🌶   💧 💧 💧 💧 💧

Plot Twist   Estrellas
✸ ✸ ✸ ✸ ✸   ★ ★ ★ ★ ★

Lista de reproducción

....
....
....
....
....
....
....
....

Aesthetics

Fecha de inicio: _____ Fecha de fin: _____

Número de páginas: _____

Título: _____

Autor: _____

De qué va: ....

....

....

....

Este libro llegó a mí…: ....

Lo que más me gustó: ....

Lo que no me convenció: ....

....

Personaje favorito: _____

Escena preferida: ....

Puntuación general: _____

Corazón   Guindilla   Lágrima

Plot Twist   Estrellas

Lista de reproducción

....
....
....
....
....
....
....
....

Aesthetics

Fecha de inicio: _____   Fecha de fin: _____

Número de páginas: _____

Título: _____

Autor: _____

De qué va:

....

....

....

....

Este libro llegó a mí…: ....

Lo que más me gustó: ....

....

Lo que no me convenció: ....

....

Personaje favorito: _____

Escena preferida: ....

Puntuación general: _____

Corazón   Guindilla   Lágrima
♥ ♥ ♥ ♥ ♥   🌶 🌶 🌶 🌶 🌶   💧 💧 💧 💧 💧

Plot Twist   Estrellas
✸ ✸ ✸ ✸ ✸   ★ ★ ★ ★ ★

Lista de reproducción

....

....

....

....

....

....

....

....

Aesthetics

Fecha de inicio: ⬭⬭⬭⬭⬭⬭ Fecha de fin: ⬭⬭⬭⬭⬭

Número de páginas: ⬭⬭⬭⬭⬭

Título: ⬭⬭⬭⬭⬭⬭⬭⬭⬭⬭⬭⬭⬭⬭⬭

Autor: ⬭⬭⬭⬭⬭⬭⬭⬭⬭⬭⬭⬭⬭⬭⬭

De qué va:

....

....

....

....

....

Este libro llegó a mí…: ....

Lo que más me gustó: ....

....

Lo que no me convenció: ....

....

Personaje favorito: ⬭⬭⬭⬭⬭⬭⬭⬭⬭⬭⬭

Escena preferida: ....

Puntuación general: ⬭⬭⬭

Corazón   Guindilla   Lágrima

♥ ♥ ♥ ♥ ♥   🌶 🌶 🌶 🌶 🌶   💧 💧 💧 💧 💧

Plot Twist   Estrellas

✳ ✳ ✳ ✳ ✳   ★ ★ ★ ★ ★

Lista de reproducción

....
....
....
....
....
....
....
....

Aesthetics

Fecha de inicio: ⬭ Fecha de fin: ⬭

Número de páginas: ⬭

Título: ⬭

Autor: ⬭

De qué va:

....

....

....

....

Este libro llegó a mí…: ....

Lo que más me gustó: ....

....

Lo que no me convenció: ....

....

Personaje favorito: ⬭

Escena preferida: ....

Puntuación general: ⬭

Corazón   *Guindilla*   *Lágrima*

🤍🤍🤍🤍🤍   🌶🌶🌶   💧💧💧💧💧

Plot Twist   *Estrellas*

✦✦✦✦✦   ★★★★★

Lista de reproducción

....
....
....
....
....
....
....
....

Aesthetics

Fecha de inicio: ⬜⬜⬜ Fecha de fin: ⬜⬜⬜

Número de páginas: ⬜⬜⬜

Título: ⬜⬜⬜

Autor: ⬜⬜⬜

De qué va:

....

....

....

....

Este libro llegó a mí…:

Lo que más me gustó:

....

Lo que no me convenció:

....

Personaje favorito: ⬜⬜⬜

Escena preferida: ....

Puntuación general: ⬜

Corazón   *Guindilla*   *Lágrima*

♥ ♥ ♥ ♥ ♥   🌶 🌶 🌶   💧 💧 💧

Plot Twist   *Estrellas*

✹ ✹ ✹ ✹ ✹   ★ ★ ★ ★ ★

Lista de reproducción

··
··
··
··
··
··
··
··

Aesthetics

Fecha de inicio: _____   Fecha de fin: _____

Número de páginas: _____

Título: _____

Autor: _____

De qué va:

....

....

....

....

....

....

Este libro llegó a mí…:

Lo que más me gustó:

....

Lo que no me convenció:

....

Personaje favorito: _____

Escena preferida: ....

Puntuación general: ____

Corazón   *Guindilla*   *Lágrima*

❤ ❤ ❤ ❤ ❤   🌶 🌶 🌶 🌶 🌶   💧 💧 💧 💧 💧

Plot Twist   *Estrellas*

⭐ ⭐ ⭐ ⭐ ⭐   ⭐ ⭐ ⭐ ⭐ ⭐

Lista de reproducción

....

....

....

....

....

....

....

....

Aesthetics

Fecha de inicio: ⬭⬭⬭⬭⬭⬭⬭⬭ Fecha de fin: ⬭⬭⬭⬭⬭

Número de páginas: ⬭⬭⬭⬭⬭⬭

Título: ⬭⬭⬭⬭⬭⬭⬭⬭⬭⬭⬭⬭⬭⬭⬭⬭⬭⬭

Autor: ⬭⬭⬭⬭⬭⬭⬭⬭⬭⬭⬭⬭⬭⬭⬭⬭⬭⬭

De qué va: ....

....

....

....

Este libro llegó a mí...: ....

Lo que más me gustó: ....

....

Lo que no me convenció: ....

....

Personaje favorito: ⬭⬭⬭⬭⬭⬭⬭⬭⬭⬭⬭⬭

Escena preferida: ....

Puntuación general: ⬭⬭⬭

Corazón   Guindilla   Lágrima

Plot Twist   Estrellas

Lista de reproducción

....
....
....
....
....
....
....
....

Aesthetics

Fecha de inicio: Fecha de fin:

Número de páginas:

Título:

Autor:

De qué va:

....

....

Este libro llegó a mí…:

Lo que más me gustó:

....

Lo que no me convenció:

....

Personaje favorito:

Escena preferida:

Puntuación general:

Corazón   *Guindilla*   *Lágrima*

♥ ♥ ♥ ♥ ♥   🌶 🌶 🌶 🌶 🌶   💧 💧 💧 💧 💧

Plot Twist   *Estrellas*

✦ ✦ ✦ ✦ ✦   ★ ★ ★ ★ ★

Lista de reproducción

···

···

···

···

···

···

···

···

Aesthetics

Fecha de inicio: _____   Fecha de fin: _____

Número de páginas: _____

Título: _____

Autor: _____

De qué va: ....

....

....

....

....

Este libro llegó a mí…: ....

Lo que más me gustó: ....

....

Lo que no me convenció: ....

....

Personaje favorito: _____

Escena preferida: ....

Puntuación general: _____

Corazón   *Guindilla*   *Lágrima*

♥ ♥ ♥ ♥ ♥   🌶 🌶 🌶 🌶 🌶   💧 💧 💧 💧 💧

Plot Twist   *Estrellas*

✳ ✳ ✳ ✳ ✳   ★ ★ ★ ★ ★

Lista de reproducción

....
....
....
....
....
....
....
....
....

Aesthetics

Fecha de inicio: ▊▊▊▊▊▊▊ Fecha de fin: ▊▊▊▊▊

Número de páginas: ▊▊▊▊▊▊

Título: ▊▊▊▊▊▊▊▊▊▊▊▊▊▊▊

Autor: ▊▊▊▊▊▊▊▊▊▊▊▊▊▊▊▊

De qué va:

....

....

....

....

Este libro llegó a mí…: ....

Lo que más me gustó: ....

....

Lo que no me convenció: ....

....

Personaje favorito: ▊▊▊▊▊▊▊▊▊▊▊▊

Escena preferida: ....

Puntuación general: ▊▊

Corazón   *Guindilla*   *Lágrima*

Plot Twist   *Estrellas*

Lista de reproducción

Aesthetics

Fecha de inicio: _____   Fecha de fin: _____

Número de páginas: _____

Título: _____

Autor: _____

De qué va: ....

....

....

....

....

Este libro llegó a mí…: ....

Lo que más me gustó: ....

....

Lo que no me convenció: ....

....

Personaje favorito: _____

Escena preferida: ....

Puntuación general: _____

Corazón   Guindilla   Lágrima

Plot Twist   Estrellas

Lista de reproducción

···
···
···
···
···
···
···
···
···

Aesthetics

Fecha de inicio: _____   Fecha de fin: _____

Número de páginas: _____

Título: _____

Autor: _____

De qué va: ....

....

....

....

....

Este libro llegó a mí...: ....

Lo que más me gustó: ....

....

Lo que no me convenció: ....

....

Personaje favorito: _____

Escena preferida: ....

Puntuación general: _____

Corazón

Guindilla

Lágrima

Plot Twist

Estrellas

Lista de reproducción

....

....

....

....

....

....

....

Aesthetics

Fecha de inicio: ⬤   Fecha de fin: ⬤

Número de páginas: ⬤

Título: ⬤

Autor: ⬤

De qué va: ....

....

....

....

....

Este libro llegó a mí…: ....

Lo que más me gustó: ....

....

Lo que no me convenció: ....

....

Personaje favorito: ⬤

Escena preferida: ....

Puntuación general: ⬤

Corazón   *Guindilla*   *Lágrima*

♥ ♥ ♥ ♥ ♥   🌶 🌶 🌶 🌶 🌶   💧 💧 💧 💧 💧

Plot Twist   *Estrellas*

✳ ✳ ✳ ✳ ✳   ★ ★ ★ ★ ★

Lista de reproducción

....

....

....

....

....

....

....

....

....

....

Aesthetics

Fecha de inicio: ⬭⬭⬭⬭⬭⬭⬭⬭⬭⬭   Fecha de fin: ⬭⬭⬭⬭⬭

Número de páginas: ⬭⬭⬭⬭⬭⬭⬭⬭

Título: ⬭⬭⬭⬭⬭⬭⬭⬭⬭⬭⬭⬭⬭⬭⬭⬭⬭⬭⬭⬭

Autor: ⬭⬭⬭⬭⬭⬭⬭⬭⬭⬭⬭⬭⬭⬭⬭⬭⬭⬭⬭⬭⬭

De qué va: ....

....

....

....

....

....

Este libro llegó a mí…: ....

Lo que más me gustó: ....

....

Lo que no me convenció: ....

....

Personaje favorito: ⬭⬭⬭⬭⬭⬭⬭⬭⬭⬭⬭⬭⬭⬭⬭

Escena preferida: ....

Puntuación general: ⬭⬭⬭

Corazón   *Guindilla*   *Lágrima*

♥ ♥ ♥ ♥ ♥   🌶 🌶 🌶 🌶 🌶   💧 💧 💧 💧 💧

Plot Twist   *Estrellas*

✳ ✳ ✳ ✳ ✳   ★ ★ ★ ★ ★

Lista de reproducción

....
....
....
....
....
....
....
....
....

Aesthetics

Fecha de inicio: ⬭⬭⬭⬭⬭⬭⬭⬭ Fecha de fin: ⬭⬭⬭⬭⬭

Número de páginas: ⬭⬭⬭⬭⬭

Título: ⬭⬭⬭⬭⬭⬭⬭⬭⬭⬭⬭⬭⬭⬭⬭⬭⬭⬭⬭⬭

Autor: ⬭⬭⬭⬭⬭⬭⬭⬭⬭⬭⬭⬭⬭⬭⬭⬭⬭⬭⬭⬭

De qué va: ....

....

....

....

....

Este libro llegó a mí…: ....

Lo que más me gustó: ....

....

Lo que no me convenció: ....

....

Personaje favorito: ⬭⬭⬭⬭⬭⬭⬭⬭⬭⬭⬭⬭⬭

Escena preferida: ....

Puntuación general: ⬭⬭

Corazón   *Guindilla*   *Lágrima*

♥ ♥ ♥ ♥ ♥   🌶 🌶 🌶 🌶 🌶   💧 💧 💧 💧 💧

Plot Twist   *Estrellas*

✸ ✸ ✸ ✸ ✸   ★ ★ ★ ★ ★

Lista de reproducción

....

....

....

....

....

....

....

....

Aesthetics

Fecha de inicio: _____   Fecha de fin: _____

Número de páginas: _____

Título: _____

Autor: _____

De qué va: ....

....

....

....

....

Este libro llegó a mí…:

Lo que más me gustó: ....

....

Lo que no me convenció: ....

....

Personaje favorito: _____

Escena preferida: ....

Puntuación general: _____

Corazón   Guindilla   Lágrima

Plot Twist   Estrellas

Lista de reproducción

....
....
....
....
....
....
....
....
....

Aesthetics

Fecha de inicio: ⬜⬜⬜⬜⬜ Fecha de fin: ⬜⬜⬜⬜⬜

Número de páginas: ⬜⬜⬜⬜⬜

Título: ⬜⬜⬜⬜⬜⬜⬜⬜⬜⬜⬜⬜

Autor: ⬜⬜⬜⬜⬜⬜⬜⬜⬜⬜⬜⬜

De qué va: ....

....

....

....

....

....

Este libro llegó a mí…: ....

Lo que más me gustó: ....

....

Lo que no me convenció: ....

....

Personaje favorito: ⬜⬜⬜⬜⬜⬜⬜⬜

Escena preferida: ....

Puntuación general: ⬜

Corazón   *Guindilla*   *Lágrima*

♥ ♥ ♥ ♥ ♥   🌶 🌶 🌶 🌶 🌶   💧 💧 💧 💧 💧

Plot Twist   *Estrellas*

✸ ✸ ✸ ✸ ✸   ★ ★ ★ ★ ★

Lista de reproducción

....
....
....
....
....
....
....
....

Aesthetics

Fecha de inicio: _____   Fecha de fin: _____

Número de páginas: _____

Título: _____

Autor: _____

De qué va:

....

....

....

....

Este libro llegó a mí…: _____

Lo que más me gustó: _____

....

Lo que no me convenció: _____

....

Personaje favorito: _____

Escena preferida: _____

Puntuación general: _____

Corazón   *Guindilla*   *Lágrima*
♥ ♥ ♥ ♥ ♥   🌶 🌶 🌶 🌶 🌶   💧 💧 💧 💧 💧

Plot Twist   *Estrellas*
✳ ✳ ✳ ✳ ✳   ★ ★ ★ ★ ★

Lista de reproducción

....
....
....
....
....
....
....
....

Aesthetics

Año
en píxeles

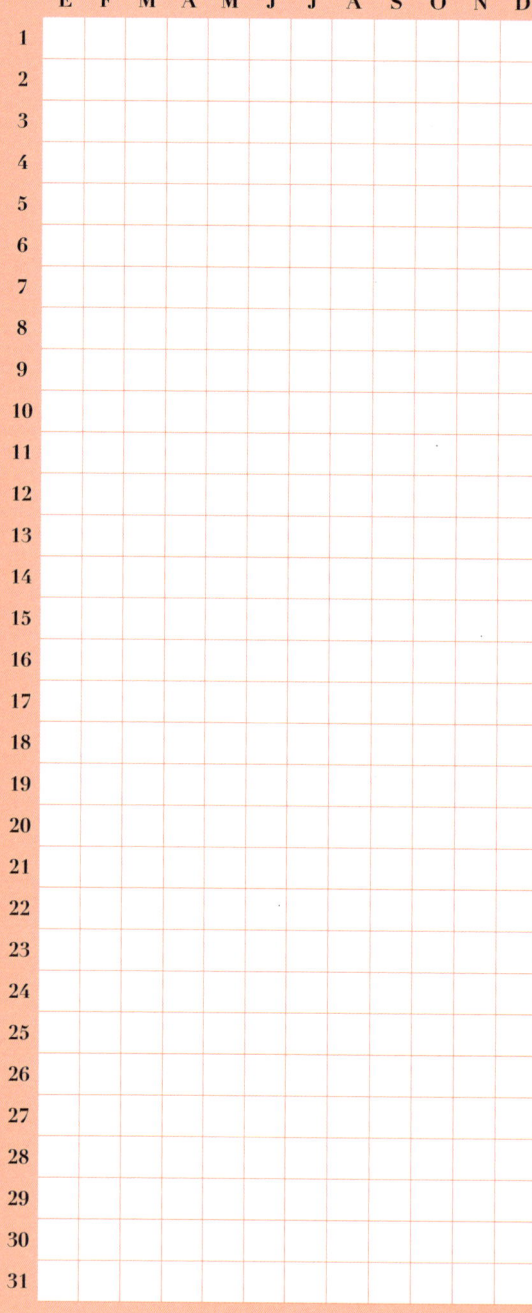

	E	F	M	A	M	J	J	A	S	O	N	D
1												
2												
3												
4												
5												
6												
7												
8												
9												
10												
11												
12												
13												
14												
15												
16												
17												
18												
19												
20												
21												
22												
23												
24												
25												
26												
27												
28												
29												
30												
31												

- 0 Páginas
- 1 / 15 Páginas
- 15 / 30 Páginas
- 31 / 50 Páginas
- 51 / 70 Páginas
- >70 Páginas

Mi Record

En una hora

En un día:

En un mes:

¡Gracias por compartir esta pasión maravillosa que es la lectura y acompañarme en este cuaderno lleno no solo de lecturas, sino de historias, personajes y frases inolvidables!

Un abrazo inmenso,

Lisha Zhou

Este libro se imprimió en una ciudad
distinta a la que lo escribió la autora y,
quizá, también sea otra en la que lo leas
y rellenes. Y, sin embargo, todos esos
lugares albergan algo en común:
en todos ellos habitan personas que
aman los libros.